Con gran afecto
a Chepina L. Elizalde
de su amiga

Josefina L. Díaz

Junio 17-1975

SELECCIÓN DE
POESIAS BREVES

SELECCIÓN

D E

POESIAS

BREVES

P A R A D E C L A M A R

158 POESÍAS

DE

128 AUTORES DESTACADOS

EDITORIAL EPOCA, S. A.

Emperadores 185, México 13, D. F.

TERCERA EDICIÓN, 1971

Impreso en México, D.F. en los Talleres de
EDINAL IMPRESORA, S.A. DR. ERAZO No. 42

LA RAZÓN DE ESTE LIBRO

En nuestro mundo moderno, que ofrece tantas y tan bellas oportunidades para sentir las más complejas emociones —cosas, objetos, estímulos—, cada día tiene una importancia mayor el tiempo libre, es decir, el que pertenece a cada ser humano al margen de las horas comprometidas en el trabajo profesional.

A veces, las horas del día que no tenemos ocupadas en el trabajo obligatorio, son las que nos brindan la oportunidad de evadirnos del medio corriente, de la monotonía en nuestro quehacer laboral, tan propia de las grandes empresas y del ajetreo diario que crea la sociedad industrial de nuestros días. Este tiempo libre es el recurso que hace falta saber aprovechar bien para la realización cabal de la personalidad humana, que la actividad profesional generalmente deja insatisfecha. Lo exige el equilibrio de nuestra vida. Lo reclama la salud mental.

Para llenar importantes aspectos de este tiempo se ha hecho este libro. Interesa al que tiene aficiones poéticas. Sobre todo, interesa a quien le gusta recitar poesías.

Muchas veces hemos observado que en una reunión de amigos o en fiesta familiar señalada, por regla general, siempre surge alguno de los asistentes dispuesto a ofrecer sus habilidades —música, canto, poesía, juegos de manos— para contribuir a amenizar el acto.

Ordinariamente aparece también la persona que se erige en maestro de ceremonias e indica al azar, o con toda intención, con los mejores deseos de hacer agradable la fiesta, a alguien a quien invita a hacer uso de sus habilidades ante los asistentes. En la práctica, ésos son los momentos que dan mayor realce y amenidad al encuentro. Cuando es así, decimos al final: ¡qué bien lo hemos pasado! ¿Cuándo podremos asistir de nuevo a una reunión como ésta?

Sin embargo, sucede muchas veces que algunos de los que han sido indicados, por ejemplo, para recitar una poesía, discretamente rehúsan intervenir, se inhiben, alegando falta de conocimientos o de habilidades. Y ¡qué decepción siente uno, de sí mismo, cuando se ve forzado al silencio por causa de una total ignorancia en esas cosas tan sencillas . . . !

Pues bien. Nuestro propósito con este volumen de POESÍAS BREVES es, precisamente, el de ofrecer al lector una recopilación variada de composiciones que fácilmente se pueden aprender de memoria, para ser recitadas.

El criterio de la selección ha sido su brevedad. Casi ninguna de las poesías que hemos transcrito sobrepasa los veinte versos. Pero hemos querido atender, también, a la calidad y a la variedad. Por eso el lector encontrará los nombres de poetas consagrados y más famosos, en sus rasgos elocuentes y profundos, pero en sus expresiones más sintetizadas. Creemos que esto constituye una presentación original.

Hemos incluido temas en relación con el sentido romántico de la vida, en sus diversas manifestaciones, la alegría sencilla, la expresión sentimental emotiva y generosa, pasiones fuertes, inclusive la devoción mística, el hecho heroico, la escena bucólica, así como motivos que reflejan diferentes estados de ánimo ante un objeto, una cosa, un personaje, tal y como variada y múltiple es la naturaleza humana. Esto era necesario en atención a la diversidad de sugestiones que reclamaba nuestro propósito.

De esta manera, el lector podrá encontrar diferentes temas para recrearse en el tiempo libre y, por otra parte, tendrá a su disposición una amplia gama de posibles recitaciones cuando se encuentre en la situación oportuna.

Éste ha sido nuestro propósito.

LOS EDITORES.

I

LÍRICAS

¿CÓMO ERA?

La puerta, franca. Vino queda y suave.
Ni materia ni espíritu. Traía
una ligera inclinación de nave
y una luz matinal de claro día.

No era de ritmo, no era de armonía,
ni de color. El corazón la sabe,
pero decir cómo era no podría
porque no es forma ni en la forma cabe.

Deja la flor intacta del concepto
en esta clara noche de mi boda,
y canta mansamente, humildemente,
la sensación, la sombra, el accidente,
mientras ella me llena el alma toda.

DÁMASO ALONSO

BESOS Y CEREZAS

Besé tus labios donde guardas loca
el enigma sutil con que embelesas,
y gusté en el almíbar de tu boca
el sangriento dulzor de las cerezas.

Besé tus senos como dos pichones
vibrantes de emoción a mis ternezas,
y en el milagro de sus dos pezones
reventaron sangrientas dos cerezas.

Luego besé tu cuerpo inmaculado,
y en el ardor de lúbricas caricias
te rendiste confiada en mis promesas.

Y rodó febrilmente por el prado,
al desflorar tus púdicas primicias,
un reguero sangriento de cerezas...

AURELIO CABALLERO ACOSTA

14

¡IRONÍA!

Yo fui el primero quien con ansia loca,
lleno de ardor y de ilusiones lleno,
gustó de las delicias de tu boca
y se durmió en las curvas de tu seno.

¡Cuántas tardes, rendida a mis antojos,
mis besos enjugaron tus pestañas...!
Besos que al exprimir tus labios rojos
hacían estremecer las entrañas...

Cuántas noches dijiste cual Julieta:
"¡No te marches, mi pálido poeta,
que no canta la alondra todavía!"

Y hoy finges virtud a tu otro dueño,
al sentirme reír frunces el ceño
y pasas indolente por la vida...

AURELIO CABALLERO ACOSTA

15

CONSTANCIA

Siete años ya Jacob servido había
al padre de Raquel, guapa doncella,
mas no sirve a Labán, la sirve a ella,
ya que a ella por gaje pretendía.

Los días, esperando un solo día,
pasaba, contentándose con ella,
mas el padre, birlándole la bella,
en lugar de Raquel le entregó a Lía.

Viendo el triste pastor que con engaños
así desvanecían su quimera,
con tan duros empeños perseguida,

poniéndose a servir otros diez años
dice: ¡Más serviría si no fuera
para tan largo amor tan corta vida!

LUIS DE CAMOENS

MADRIGAL

Huyendo a Amor, por una más callada
o más segura vía,
pasaba, descuidado peregrino,
cuando una niña, bella como un hada.

Me fue a encontrar en medio del camino;
con la más exquisita cortesía,
diciendo: "¿A dónde vas
por esta calle sola y empinada?
Ven que aquélla es mejor; vuélvete atrás".

Y hacia una senda llana y despejada
fueme guiando cariñosa y bella.

Todo a considerarla fiel me indujo;
seguíla, pues, mas ella
al más espeso bosque me condujo.

Luego, partióse. En cuanto no la vi
grité lleno de espanto y de dolor:
"¿Quién me condujo ahí?"
Y una voz escuché que dijo: "Amor".

ANNIBAL CARO

COMO DIÓGENES

Vi tu cuerpo onduloso, exuberante
como un lirio de amor,
acercarse insinuante
henchido de pasión
y puse así en tus labios
todo el encanto de mis besos sabios.

¡Busco un hombre —dijiste—
busco un hombre armonioso
de cuerpo, y alma triste
y en el placer hermoso . . . !

Y apasionado yo estreché tu talle
buscando sólo que tu boca calle.
Pero tú no callaste todavía
y trémula de gozo
pedías aún el hombre triste y bello
que, en su espasmo, te apretase el cuello.

EMILIO CARRERE

ROMANCE DEL AMOR ESCONDIDO

¡Qué romance tan dulce el de una mirada!
Qué cariño tan hondo del que no dice nada
y estoico y mudo soporta la tortura,
de soñar en su vida con la inmensa dulzura
de escuchar un "te quiero" que musita la amada.

¡Qué cariño tan hondo del que no dice nada!
Qué infinita ventura de escribir unos versos
robando su belleza a las lunas de mayo;
sujetando con lazos argentados de un rayo,
los ensueños azules que se encuentran dispersos.

¡Qué romance tan bello del amor escondido!,
que con copos muy blancos ha formado su nido,
y ha tomado del alba la veste auri-rosada;
¡del amor tan intenso que jamás es sabido,
del cariño tan hondo del que no dice nada!

Alicia Cruz

UN MUCHACHO

Yo era un muchacho débil y ella muy alta
                                    [y bella;
ella me sonreía llamándome con ella;
yo, de pie en sus rodillas, con mi mano, sereno,
recorría su cara, su cabello, su seno,
y a menudo su mano, suave y complaciente,
fingía castigar mi inocencia imprudente.

Es ante sus amantes, confusos por demás,
que la belleza altiva me acariciaba más.

¡Cuántas veces... (¡mas, ay, qué sabe uno
                                    [a esa edad!)
con sus corales rojos besóme la beldad!

Y al verme tan triunfante, decían los pastores:
"¡Oh, muchacho feliz! ¡Oh inútiles amores!"

ANDRÉ CHENIER

MÍA

Mía; así te llamas.
¿Qué más armonía?
Mía; luz del día.
Mía; rosas, llamas.

¡Qué aromas derramas
en el alma mía,
si sé que me amas!
¡Oh, Mía; oh, Mía... !

Tu sexo fundiste
con mi sexo fuerte,
fundiendo dos bronces;

yo triste, tú triste...
¿No has de ser entonces,
Mía hasta la muerte...?

RUBÉN DARÍO

LEJOS DE TI...

Lejos de ti, mi corazón inquieto
busca la soledad de la tristeza,
y enfermo de pesar, tímidamente,
como paloma acobardada, tiembla.

Y con crecida turbación, su vuelo
tiende hacia ti mi espíritu y no llega,
y sólo ve tus ojos en la noche,
como en un cielo negro dos estrellas.

Y dirigiendo hacia un abismo mudo
su solitaria y dolorosa queja,
llora mi corazón lleno de angustia,
y cual paloma acobardada, tiembla.

BALBINO DÁVALOS

LUJURIA

Cuando murmuras con nervioso acento
tu cuerpo hermoso que a mi cuerpo toca
y recojo en los besos de tu boca
las abrasadas ondas de tu aliento.

Cuando más que ceñir, romper intento
una frase de amor que amor provoca
y a mí te estrechas delirante y loca
todo mi ser estremecido siento.

Ni gloria, ni poder, ni oro, ni fama,
quiero entonces, mujer. Tú eres mi vida,
ésta y la otra si hay otra; y sólo ansío

gozar tu cuerpo, que a gozar me llama,
¡ver tu carne a mi carne confundida
y oír tu beso respondiendo al mío...!

JOAQUÍN DICENTA

AMOR

El amor es la vida, y la vida es amor;
engendra la locura y abre paso al delirio;
purgatorio de goces y cielo de martirio;
su dolor es tan fuerte, que su dicha es dolor.

Va abriendo paraísos y cerrando ataúdes...
con puñales y flores hace ramos dorados...
Es el mayor pecado de todos los pecados,
y la virtud más grande de todas las virtudes.

El amor es perfume, y es néctar y es veneno;
es camino de rosas y es camino de cieno;
es un rayo de luna besando un corazón...

Es débil como un niño, como un Hércules fuerte
el amor es la flecha que nos causa la muerte,
y tiene el privilegio de la resurrección.

JOAQUÍN DICENTA *(hijo)*

LAS COSAS...

Las cosas que yo he tenido
ni me tienen ni me valen.
Tener cosas que nos tengan,
guardar cosas que nos guarden.

He pisado en el sendero
las angustias de mis tardes,
oleaginosas y acedas
como de aceite y vinagre.

Si yo no soy lo que soy,
parecerlo, ¿qué me vale?

Tenga un amor que me tenga;
lleve, lo que ha de llevarme.
Sepa yo toda la dicha
mutua del perfecto canje.

JUAN JOSÉ DOMENCHINA

LA CARTA

Después de tanto tiempo, hoy el cartero vino
con una carta suya. ¡Qué profunda emoción
me causó ver su letra de rasgo femenino
tan familiar que antes fuera a mi corazón!

¿Por qué me escribe ahora! ¿Retornará al
                                    [camino
del bien, arrepentida, y me pide perdón?
¿O me ruega que olvide su amor? ¡Oh, yo no
                                    [atino
a comprender . . . ! ¡Quién sabe qué dice el
                                    [corazón!

¿La abriré? ¿Y si los celos me tornan asesino?
¿Y si, en cambio, me pide la reconciliación?
¡Dios mío, tengo miedo que el puñal florentino
con que la carta abra, me parta el corazón!

. . . .

¿Qué hacer, Señor...? De tarde, cuando el
                          [cartero vino,
le devolví la carta temblando de emoción...
¡Cartero... aquí no vive! Será para el vecino...
¡Mi corazón ha muerto: no tiene dirección...!

OVIDIO FERNÁNDEZ RÍOS

TÚ NO SABES AMAR

Tú no sabes amar. ¿Acaso intentas
darme calor con tu mirada triste?
El amor nada vale sin tormentas,
sin tempestades el amor no existe.

¿Y con esa frialdad dices que me amas?
No, no es amor lo que hacia mí te mueve
el amor es un sol hecho de llamas
y en los soles jamás cuaja la nieve.

El amor es volcán, es rayo, es lumbre,
y debe ser devorador, inmenso;
debe ser huracán, debe ser cumbre,
debe alzarse hasta Dios como el incienso.

Pero tú, juzgar que el amor es frío,
que ha de vivir en corazones yertos;
con tu anémico amor, anda, bien mío,
anda al osario a enamorar los muertos.

JULIO FLÓREZ

UN BESO NADA MÁS

Bésame con el beso de tu boca,
cariñosa mitad del alma mía;
un solo beso el corazón invoca,
que la dicha de dos... me mataría.

¡Un beso nada más...! Ya su perfume
en mi alma derramándose, la embriaga;
y mi alma por tu beso se consume
y por mis labios impacientes vaga.

¡Júntese con la tuya...! Ya no puedo
lejos tenerla de tus labios rojos...
¡Pronto...! ¡Dame tus labios...! ¡tengo miedo
de ver tan cerca tus divinos ojos!

Hay un cielo, mujer, en tus abrazos;
siento de dicha el corazón opreso...
¡Oh! ¡Sosténme en la vida de tus brazos
para que no me mates con tu beso!

MANUEL M. FLORES

ES VERDAD

¡Ay, qué trabajo me cuesta
quererte como te quiero!

Por tu amor me duele el aire,
el corazón
y el sombrero.

¿Quién me compraría a mí,
este cintillo que tengo
y esta tristeza de hilo
blanco, para hacer pañuelos?

¡Ay, qué trabajo me cuesta
quererte como te quiero!

Federico García Lorca

ADIÓS

Por la avenida lánguida
el viento ronronea
estremecido.

Y el sol se desespereza.

Sobre la rama
florecida de pájaros
ha posado su vuelo tu palabra
última.

Y tu mirada
tiembla bajo mis párpados.

PEDRO GARFIAS

ROMANCE DE TUS OJOS

Cómo he buscado tus ojos
anoche, tus ojos negros.
Todo era negro en la noche.
Por las ventanas del cielo
veía asomar tus ojos,
tus ojos negros,
y los míos los buscaban
desalados por el viento
hasta volver a sus nidos
como pájaros enfermos.
De los árboles colgaba
tu negra mata de pelo.
Pero tus ojos, ¿adónde?
¿Adónde tus ojos negros?

PEDRO GARFIAS

ANATÓMICA

—Pronto, pronto, doctor; abrid sin miedo.
¿No oís cómo palpita aquí, en el fondo,
la queja de un sollozo quedo, quedo?
Abrid, abrid, doctor, que está muy hondo.

—¿Dónde le duele a usted? —Aquí escondido.
—Algún tumor, tal vez; un cuerpo extraño...
—Es un dolor que ha tiempo lo he sentido.

Abrid, abrid, doctor, que aquí hay un nido,
y lo habita un reptil; ¡el desengaño!

—Enfermedad moral, pobre paciente,
no la cura la ciencia en su adelanto...
¿Extraigo el corazón...? —Precisamente,
el corazón, doctor... ¡Me duele tanto!

Enrique Geenzier

SINCERIDAD

Deshoja las flores
que al sentido engañan
con color y aroma;
arranca
las hojas que roban
la savia;
corta las raíces
que a la tierra arañan,
y hasta, si es preciso,
cercena las ramas,
que, aunque creas que buscan el cielo
sólo rasgan la atmósfera diáfana...

¡Haz que quede tan sólo
del árbol de tu vida
el alma!

LUIS GUARNER

LA MUJER CAÍDA

¡Oh!, no insultéis a la mujer que cae,
no sabemos qué peso la agobió:
y no sabemos cuánto tiempo el hambre
hiciera en vano vacilar su honor.

¿Quién no ha visto mujeres extenuadas
asirse largo tiempo a la virtud,
y el viento resistir de la desgracia
y moribundas combatir aún,
cual la gota de agua que en la punta
de una hoja hace el viento estremecer;
y el árbol la sacude, y tiembla, y lucha,
perla antes de caer, fango después?

Empero puede su esplendor primero
esa gota brillante recobrar;
puede salir dejando polvo seco,
que el agua pura en ese fango está.

Dejad amar a la mujer caída,
dejad al fango que le dé calor,
porque todo en el mundo resucita
con los rayos del sol o los de amor.

Víctor Hugo

LA HORA

Tómame ahora que aún es temprano
y que llevo dalias nuevas en la mano.
Tómame ahora que aún es sombría
esta taciturna cabellera mía.

Ahora, que tengo la carne olorosa,
y los ojos limpios y la piel de rosa.
Ahora, que calza mi planta ligera
la sandaliá viva de la primavera.

Ahora que en mis labios trepida la risa
como una campana sacudida aprisa.
¡Que ya nada de eso más tarde tendré!
Después..., ¡ah, yo sé
que entonces inútil será tu deseo
como ofrenda puesta sobre un mausoleo.

¡Tómame ahora que aún es temprano
y que tengo rica de nardos la mano!
Hoy, y no más tarde. Antes que anochezca
y se vuelva mustia la corola fresca.

Hoy, y no mañana. Oh, amante, ¿no ves
que la enredadera crecerá ciprés?

JUANA DE IBARBOUROU

AMOR

Vuela, de ardientes ansias consumida,
a impulsos del amor que la devora,
en torno de la luz fascinadora
la mariposa que su riesgo olvida;

sus fulgores contempla embebecida
y en ellos baña el ala tembladora;
y entre las llamas, cuyo brillo adora,
halla mísero fin su frágil vida.

Así, en su derredor, yo todo el día
girando voy, de su beldad sediento;
y si las luces de sus ojos miro,

ansiosa se estremece el alma mía,
y deslumbrado, y loco y sin aliento,
me ardo en sus ojos... ¡y de amor, expiro!

NUMA POMPILIO LLONA

FLOR TEMPRANA

Mujer que recogiste los primeros
frutos de mi pasión, ¡con qué alegría
como una santa esposa te vería
llegar a mis floridos jazmineros!

Al mirarte venir, los placenteros
cantares de amor desgranaría,
colgada en la risueña galería,
la jaula de canarios vocingleros.

Si a mis abismos de tristeza bajas
y si al conjuro de tu labio cuajas
de botones las rústicas macetas,

te aspiraré con gozo temerario
como se aspira en un devocionario
un perfume de místicas violetas.

RAMÓN LÓPEZ VELARDE

OLVIDARTE

Olvidarte, ¡qué tormento!
el pensarlo me da miedo,
y sin embargo te alejas
a pesar de que te quiero.

Con rudeza me dijiste:
"Terminemos este amor
y olvida que nos quisimos,
esto será lo mejor".

Nunca pensé que en tu pecho
anidara la traición
y aquellos desdenes tuyos
mataron mi corazón.

Mi amor todo lo perdona,
porque olvidarte no puedo;
deja que te siga amando
porque sin tu amor me muero.

ROGELIO MEDINA V.

SI TÚ ME DICES "¡VEN!"

Si tú me dices: "¡Ven!", lo dejo todo...
No volveré siquiera la mirada
para mirar a la mujer amada...
Pero dímelo fuerte, de tal modo
que tu voz, como toque de llamada,
vibre hasta en el más íntimo recodo
del ser, levante el alma de su lodo
y hiera el corazón como una espada.

Si tú me dices: "¡Ven!", todo lo dejo.
Llegaré a tu santuario casi viejo,
y al fulgor de la luz crepuscular;
mas he de compensarte mi retardo,
difundiéndome, ¡oh, Cristo!, como un nardo
de perfume sutil, ante tu altar!

AMADO NERVO

DIOS HARÁ LO DEMÁS

¿Que es inútil mi afán por conquistarte:
que ni me quieres hoy ni me querrás...?
Yo me contento, amor, con adorarte:
¡Dios hará lo demás!

Yo me contento, amor, con sembrar rosas
en el camino azul por donde vas.
Tú sin mirarlas, en su senda posas
el pie: ¡Quizás mañana las verás!

Yo me contento, amor, con sembrar rosas
¡Dios hará lo demás!

AMADO NERVO

COBARDÍA

Pasó con su madre. ¡Qué rara belleza!
¡Qué rubios cabellos de trigo garzul!
¡Qué ritmo en el paso! ¡Qué innata realeza
de porte! ¡Qué formas bajo el fino tul...!
Pasó con su madre. Volvió la cabeza:
¡me clavó muy hondo su mirada azul!

Quedé como en éxtasis...
                              Con febril premura,
«¡Síguela!», gritaron cuerpo y alma al par.
...Pero tuve miedo de amar con locura,
de abrir mis heridas, que suelen sangrar,
¡y no obstante toda mi sed de ternura,
cerrando los ojos, la dejé pasar!

AMADO NERVO

44

¿DÓNDE COGIÓ EL AMOR?

¿Dónde cogió el amor, o de qué vena,
el oro fino de su trenza hermosa?
¿En qué espinas halló la tierra rosa
del rostro, o en qué prados, la azucena?

¿Dónde las blancas perlas con que enfrena
la voz suave, honesta y amorosa?
¿Dónde la frente bella y espaciosa,
más que el primer albor pura y serena?

¿De cuál esfera en la celeste cumbre
eligió el dulce canto, que destila
al pecho ansioso regalada calma?

Y ¿de qué sol tomó la ardiente lumbre
de aquellos ojos, que la paz tranquila
para siempre arrojaron de mi alma?

Francisco Petrarca

SOÑÉ QUE SOÑABA

¿Sueñas?
Despierta, se acerca el día.
Ella, hablando dormida:
Te amo, sí.

Despierta, tengo celos,
¡Qué agonía!
¿A quién hablas tan dulce, vida mía?
¡Quizá durmiendo se olvidó de mí!

Ella: *¡Tú formas mi pasión,*
mi anhelo!
¡Calla!
Una vida animará a los dos.

¡Despierta...! ¿A quién hablas?
¡Tengo celos!
Ella, al abrir los ojos:
"Tú en el cielo".
¿Y estabas junto a mí?
¡Qué bueno es Dios!

JUAN DE DIOS PEZA

DÉJAME VER LA RISA ENAMORADA

Déjame ver la risa enamorada
que entre tus rojos labios juguetea,
mientras que libre y caprichosa ondea
tu cabellera al aire destrenzada.

Dame esa ropa pura y matizada
que viviendo en tu seno se recrea;
deja que toda mi vida ventura sea
abrasarme en la luz de tu mirada.

Eres para mí tan hermosa,
y más que tan hermosa, tan querida,
que a tu alma vela mi alma presurosa,

en tu seno una flor miro prendida,
cuando toquen mis labios esa rosa,
entre sus hojas, dejaré mi vida.

JUAN DE DIOS PEZA

DEFINICIÓN DEL AMOR

Es hielo abrasador, es fuego helado,
es herida que duele y no se siente,
es un soñado bien, un mal presente,
es un breve descanso muy cansado.

Es un descuido que nos da cuidado,
un cobarde con nombre de valiente,
un andar solitario entre la gente,
un amar solamente ser amado.

Es una libertad encarcelada,
que dura hasta el postrero paroxismo;
enfermedad que crece si es curada.

Éste es el niño amor, éste es su abismo.
¡Mirad cuál amistad tendrá con nada
el que en todo es contrario de sí mismo!

FRANCISCO DE QUEVEDO

AL AMOR

¿Por qué, amor, cuando espiro desarmado,
de mí te burlas? Llévate esa hermosa
doncella, tan ardiente y tan graciosa,
que por mi oscuro asilo has asomado.

En tiempo más feliz, yo supe osado
extender mi palabra artificiosa
como una red, y en ella, temblorosa,
más de una vez de tus aves he cazado.

Hoy de mí los rivales hacen juego,
cobardes atacándome en gavilla;
y libre yo, mi presa al aire entrego.

Al inerme león el asno humilla:
vuélveme, amor, mi juventud; y luego
tú mismo a mis rivales acaudilla.

IGNACIO RAMÍREZ
"el Nigromante"

AUSENCIA

Mi corazón enfermo de tu ausencia
expira de dolor porque te has ido.
¿En dónde está tu rostro bendecido?
¿Qué sitios ilumina tu presencia?

Ya mis males no alivia tu clemencia,
ya no dices ternuras a mi oído,
y expira de dolor porque te has ido,
mi corazón enfermo de tu ausencia.

Es inútil que finja indiferencia,
en balde busco el ala del olvido
para calmar un poco mi dolencia,
mi corazón enfermo de tu ausencia
expira de dolor porque te has ido.

EFRÉN REBOLLEDO

ÁMAME

Ámame no con cantos ni con flores,
ámame no con versos y arrullos...
No quiero fingidos amores.
Ámame con los tibios fulgores
de tu alma tierna y con tu orgullo.

Ámame no tan sólo en el momento
en que arranco de tus labios un suspiro...

Ámame con el pensamiento,
con un sublime enajenamiento,
que pueda sentir de tus ojos de zafiro.

Ámame con tu corazón,
con el mirar de tus ojos queridos.

Ámame con vesánica obsesión,
ámame con lágrimas de pasión...

Así como yo te amo con mis gemidos...

MARÍA CRISTINA RÍOS

51

¡Y YO ERA TODO AMOR!

¡Sé cruel . . . ! ¡Más cruel aún, que tus
que ayudarás a despreciar la vida!   [crueldades
En el dolor se templan voluntades
y en el crisol atroz de tus maldades
mi alma en acero surgirá fundida.

El dolor me ha hecho estoica, me ha hecho fuerte.
Ésa tu gran crueldad, me ha inmunizado
de otro nuevo dolor; y ni la muerte
me acobarda; ya ves que por quererte
si la dicha he perdido . . . algo he ganado.

Ya todo me es igual; nada deseo,
¡Ni por tu amor, el alma se transporta!
Mi escepticismo es mi mejor trofeo.
Después que tú mentiste . . . en nada creo,
y todo, todo junto . . . , ¡qué me importa!

RAQUEL SÁENZ

MUJER, EFLUVIO DE ARMONÍAS

Pintor gentil de monerías,
traza en el marco de mis días
una silueta de ilusión.

Bardo que buscas sinfonías
en las ignotas lejanías
dame la luz de una canción.

Rubio escultor de fantasías,
rompe mis hondas nostalgias
en el cincel de la emoción.

Y tú que tanto me querías,
mujer, efluvio de armonías,
dame en ofrenda el corazón.

M. Sánchez Jiménez

EL RUEGO

Señor, Señor, hace ya tiempo, un día
soñé un amor como jamás pudiera
soñarlo nadie, algún amor que fuera
la vida toda, toda la poesía.

Y pasaba el invierno y no venía,
y pasaba también la primavera,
y el verano de nuevo persistía,
y el otoño me hallaba con mi espera.

Señor, Señor; mi espalda está desnuda.
¡Haz resaltar allí, con mano ruda,
el látigo que sangra a los perversos!

¡Que está la tarde ya sobre mi vida,
y esta pasión ardiente y desmedida
la he perdido, Señor, haciendo versos!

ALFONSINA STORNI

AÑORANZA DEL ESPOSO AUSENTE

Doradas nubes bañan la muralla.
Los negros cuervos graznan encima de sus nidos,
en los cuales desean reposar.

Entre tanto, la esposa, sola y joven,
      suspira melancólica.
Sus manos abandonan el telar
      y dirige los ojos
a la cortina azul del cielo
      que la aísla del mundo.
cual la bruma ligera vela el río.

Está sola. El esposo corre tierras remotas.
Sola: todas las noches en su alcoba,
la soledad le oprime el corazón,
y sus lágrimas caen como lluvia ligera
      fecundando la tierra.

Li Tai Po

A MI MUCHACHA

Quince años cumple. La niña
que ayer fue, se ha transformado.
Erguida flor en el prado,
fruto que Él aguarda en su viña.

Hermosura en paz, serena,
como una voz vuelta canto.
Amor que se volvió encanto:
joven mujer, mujer buena.

De la Diana a la Cibeles
suenan flautas, cascabeles,
reverberar de trompetas.

Y tres gallardos donceles
lleven a Alicia claveles,
azucenas y violetas.

ANTONIO TOUSSAINT

HUMORISMOS TRISTES

¿Que si me duele? Un poco. Te confieso
que me heriste a traición; mas por fortuna
tras el rapto de ira vino una
dulce resignación... Pasó el acceso.

¿Sufrir? ¿Llorar? ¿Morir? ¿Quién piensa en
el amor? Es un huésped que importuna.
Mírame cómo estoy; ya sin ninguna
tristeza que decirte. Dame un beso.

Así; muy bien. Perdóname, fui un loco.
Tú me curaste —gracias—, y ya puedo
saber lo que imagino y lo que toco.

En la herida que hiciste, pon el dedo.
¿Que si me duele? Sí; me duele un poco,
mas no mata el dolor... No tengas miedo...

LUIS G. URBINA

NO SÉ DECIRTE MÁS

Gloria tiene que haber mientras aspires
al bien eterno que alcanzar esperas;
en el mundo habrá amor mientras tú quieras
y en el cielo habrá luz mientras tú mires.

Las puras auras mientras tú suspires
y habrá virtud hasta que tú te mueras,
besarán a las flores hechiceras,
y habrá belleza mientras tú no expires.

Que por ti que eres causa del anhelo,
que siente por la gloria el alma mía;
tiene mi pecho amor, dicha y consuelo.

La noche, estrellas... claridad el día,
y si no hubiera por desgracia un cielo
cuando murieras tú, se formaría.

FELIPE URIBARRI

CELOS

Al saber la verdad de tu perjurio,
loco de celos, penetré en tu cuarto...

Dormías inocente como un ángel,
con los rubios cabellos destrenzados,
enlazadas las manos sobre el pecho
y entreabiertos los labios...

Me aproximé a tu lecho, y de repente
oprimí tu garganta entre mis manos.

Despertaste... Miraron tus ojos...
¡Y quedé deslumbrado,
igual que un ciego que de pronto viese
brillar del sol los luminosos rayos...!

¡Y en vez de estrangularte, con mis besos
volví a cerrar el oro de tus párpados!

Francisco Villaespesa

II

MÍSTICAS

CALVARIO

Seis años ha que arrastro mi cadena,
siempre a esta vida inútil amarrado;
grande ha de ser por fuerza mi pecado
cuando es tan dura y tan tenaz mi pena.

De congoja y terror el alma llena,
vivo en densa tiniebla sepultado,
comprendiendo lo grave de mi estado,
pero no la razón de mi condena.

Considera que es triste, sí, muy triste
vivir sufriendo un día y otro día
bajo esta horrenda carga que me diste.

Apiádate, Señor, la angustia mía;
que tú en la cruz seis horas estuviste,
y yo llevo seis años de agonía.

FEDERICO BALART

SONETO MÍSTICO

Vírgenes fraternales, que saturáis la plaza
pueblerina de un místico perfume de violeta;
en vuestro ser la núbil clorosis se disfraza
de algún ensueño vago que nunca se concreta.

Doncellas intocadas de vida recoleta
repartidas entre el templo, el arrobo y la casa.
¡Novísimas y gráciles figuras de viña!
¡Morenas y apacibles Mireyas de mi raza!

Santas de nuestros pueblos, de alma samaritana
para sondear la pena, para extraer la insana
y anuladora espina de la desilusión.

Fuensantas dadivosas, cuya existencia pasa
repartida entre el templo, el arrobo y la casa,
como arrullando a un hijo dentro del corazón.

ROBERTO CABRAL DEL HOYO

INTERIOR DE LA IGLESIA
EN EL CREPÚSCULO

Las bóvedas desploman su desfallecimiento
confusas, desmayadas por el ocaso lento,
y encajan las angustias de su desolamiento
con las hebras de vidrio de un estremecimiento.

Los oros se asordinan con grises desiguales,
el órgano entre sombras extingue sus tubales,
y en los altares mustios, opacos, fantasmales
se ven flotar los vahos de las losas tumbales.

El aire, que difunde cicutas de reposo,
tiende las cenizas del crepúsculo ansioso;
y la hora que se esfuma, sobre el oscuro embozo
levanta quedamente su dedo silencioso.

Tan sólo allá en la austera quietud de la capilla,
con los brazos abiertos como cruz, se arrodilla
el virrey y su cara se inclina en la golilla,
y un blandón parpadeante tímidamente brilla.

ALFONSO CRAVIOTO

SOÑETO - ORACIÓN

A Ti me vuelvo, gran Señor, que alzaste,
a costa de Tu sangre y de Tu vida
la mísera de Adán primer caída,
y adonde él nos perdió Tú nos cobraste.

A Ti, Pastor bendito, que buscaste
de las cien ovejuelas la perdida,
y hallándola del lobo perseguida,
sobre tus hombros santos te la echaste.

A Ti me vuelvo en mi aflicción amarga
y a Ti toca, Señor, el darme ayuda,
que soy cordera de tu aprisco ausente

y temo que a carrera corta o larga
cuando a mi daño tu favor no acuda
me ha de alcanzar esta infernal serpiente.

MIGUEL DE CERVANTES SAAVEDRA

PARA LA "VIRGEN DE LAS ROCAS"

De Leonardo da Vinci

¿Es, madre, la postrera oscuridad,
la sombra de la muerte? Y el externo
mar es el inminente de lo eterno?
¿Y es la congoja de la humanidad

la que inclina tu faz, toda piedad,
en muda prez al Hijo, que en el día
de largas horas ya sin culpa, envía
la bendición al muerto, en su bondad?

Madre de Gracia, tal como esas rocas
agudo el paso es; las almas locas
son ecos que se mezclan, con pavura.

Tu nombre anuncia cada voz del alma,
¡oh, Dios! que habitas el sendero en calma,
que alivias de las cosas la amargura.

DANTE GABRIEL ROSSETTI

LEVÁNTAME, SEÑOR

Levántame, Señor, que estoy caído,
sin amor, sin temor, sin fe, sin miedo;
quiérome levantar, y estoyme quedo;
yo propio lo deseo y yo lo impido.

Estoy, siendo uno solo, dividido:
a un tiempo muero y vivo triste y ledo;
lo que puedo hacer, eso no puedo;
huyo del mal y estoy en él metido.

Tan obstinado estoy en mi porfía,
que el temor de perderme y de perderte
jamás de mi mal uso me desvía.

Tu poder, Tu bondad truequen mi suerte
que en otros veo enmienda cada día,
y en mí nuevos deseos de ofenderte.

FRAY MIGUEL DE GUEVARA

NO ME MUEVE, MI DIOS

No me mueve, mi Dios, para quererte
el cielo que me tienes prometido,
ni me mueve el infierno tan temido
para dejar por eso de ofenderte.

Tú me mueves, Señor, muéveme el verte
clavado en una cruz y escarnecido;
muéveme el ver tu cuerpo tan herido;
muévenme tus afrentas y tu muerte.

Muéveme, en fin, tu amor de tal manera
que aunque no hubiera cielo, yo te amara,
y aunque no hubiera infierno te temiera.

No me tienes que dar por que te quiera,
porque aunque cuanto espero no esperara
lo mismo que te quiero te quisiera.

FRAY MIGUEL DE GUEVARA

SAN FRANCISCO DE ASÍS

Asís, tu corazón era una poma
del gran árbol del bien. Tu corazón
no supo de maldad ni de ambición,
aroma de pureza fue tu aroma.

Tu existencia ejemplar era un sencillo
corazón florecido de piedad.
Todas tus frases, fueron de hermandad:
—¡Hermano lobo, hermano pajarillo!

Glorioso querubín, era tu idea
—que antaño oyó la chusma galilea—
unir el mundo con fraternos lazos.

Tal vez sentiste dos nostalgias vagas:
¡Tu cuerpo, la nostalgia de las llagas;
y la nostalgia de la cruz, tus brazos!

ALFONSO HERNÁNDEZ CATA

NO ME DEJES, SEÑOR

No me dejes, Señor, la desventura
No me dejes, Señor, esta tortura
¡de ser únicamente lo que soy!
¡De darme sólo lo que yo te doy!

No me dejes, Señor, en la premura
de huirme siempre en mí de donde estoy.
de no encontrarme nunca en la ventura
¡de conocer la senda donde voy . . . !

Si le prestaste al sol luz y fijeza,
olas al mar y plenitud al cielo,
luna a la noche y al cristal pureza

yo no te pido tanto en mi desvío,
pues sólo quiero hallarme en este suelo
¡más cerca de tu amor cuanto más mío!

BALTASAR IZAGUIRRE ROJO

DIME, PADRE COMÚN...

Dime, padre común, pues eres justo,
¿por qué ha de permitir tu providencia
que, arrastrando prisiones la inocencia.
suba la fraude a tribunal augusto?

¿Quién da fuerzas al brazo que robusto
hace a tus leyes firme resistencia,
y que el celo, que más la reverencia,
gime a los pies del vencedor injusto?

Vemos que vibran victoriosas palmas
manos inicuas, la virtud gimiendo
del triunfo en el injusto regocijo.

Esto decía yo, cuando riendo
celestial ninfa apareció, y me dijo:
¡Ciego! ¿Es la Tierra el centro de las almas?

BARTOLOMÉ L. DE ARGENSOLA

AL OÍDO DE CRISTO

¡Cristo, el de las carnes en gajos abiertas;
Cristo, el de las venas vaciadas en ríos;
estas pobres gentes del siglo están muertas
de una laxitud, de un miedo, de un frío!

A la cabecera de sus lechos, eres,
si te tienen, forma demasiado cruenta,
sin esas blanduras que aman las mujeres
y con esas marcas de vida violenta.

No te escupirían por creerte loco,
no fueran capaces de amarte tampoco
así con sus ímpetus laxos y marchitos

porque como Lázaro, *ya hieden, ya hieden,*
por no disgregarse, mejor no se mueven,
¡ni el amor ni el odio les arrancan gritos!

GABRIELA MISTRAL

ME MARCHARÉ...

Me marcharé, Señor, alegre o triste;
mas resignado, cuando al fin me hieras.
Si vine al mundo porque tú quisiste,
¿no he de partir sumiso cuando quieras?

Un torcedor tan sólo me acongoja,
y es haber preguntado el pensamiento,
sus porqués a la vida ... ¡mas la hoja
quiere saber dónde la lleva el viento!

Hoy, empero, ya no pregunto nada;
cerré los ojos y mientras el plazo
llega en que se termine la jornada,
mi inquietud se adormece en la almohada
de la resignación, en tu regazo.

AMADO NERVO

LA NOVICIA

Entre los cantos del solemne rito,
la doncella, apartándose del ara,
se encamina a la puerta que separa
nuestra vida mortal de lo infinito.

A pocos pasos del umbral bendito
la comitiva se recoge y para,
un mancebo, cubriéndose la cara
con la crispada mano, lanza un grito.

Aquella voz, sonando como un trueno
en la novicia mísera, despierta
todas las ansias del amor terreno;

quiere rezar, pero a rezar no acierta,
y cruzando los brazos sobre el seno
cayó junto al umbral, rígida y yerta.

Gaspar Núñez de Arce

¡COMO VOS QUERÁIS, SEÑOR!

Lo que vos queráis, Señor,
sea, lo que vos queráis.
Si queréis que, entre las rosas,
ría hacia los matinales
resplandores de la vida,
sea lo que Vos queráis.

Si queréis que, entre los cardos,
sangre hacia las insondables
sombras de la noche eterna,
sea lo que Vos queráis.

Gracias si queréis que mire,
gracias si queréis cegarme,
gracias por todo y por nada,
sea lo que Vos queráis.

Lo que Vos queráis, Señor,
sea lo que Vos queráis.

JUAN RAMÓN JIMÉNEZ

A JESÚS CRUCIFICADO

Delante de la cruz, los ojos míos,
quédenseme, Señor, así mirando
y, sin ellos quererlo, estén llorando
porque pecaron mucho y están fríos.

Y estos labios que dicen mis desvíos
quédenseme, Señor, así cantando
y, sin ellos quererlo, estén rezando
porque pecaron mucho y son impíos.

Y así, con la mirada en vos prendida,
y así, con la palabra prisionera
como la carne a vuestra cruz asida,

quédeseme, Señor, el alma entera,
y así, clavada en vuestra cruz mi vida
Señor, así, cuando queráis me muera.

RAFAEL SÁNCHEZ MAZAS

JESÚS DE NAZARET

Naciste como una flor entre las ruinas
de un pueblo miserable y ambicioso;
fue tu vida un rosal y las espinas
de tu dolor las padeciste silencioso.

Los siglos han guardado tus doctrinas
como un perfume raro y milagroso;
y aún perdura el fulgor de tus divinas
palabras, y de tu Vía-Crucis doloroso.

Tu sangre como esencia de perdones
dulcifica y absterge las pasiones
y nos marca el camino del asceta;

¡Jesús de Nazaret! Soy un sectario
de tus ideas; en la cruz del Calvario
esplende tu ideal: ¡Fuiste un poeta!

J. María Vargas Vila

III

DESCRIPTIVAS

TÚ TAMBIÉN ERES ¡OH, PALMA...!

Tú también eres ¡oh, palma!
en este suelo extranjera.
Llora, pues; mas, siendo muda,
¿cómo has de llorar mis penas?

Tú no sientes, cual yo siento,
el martirio de la ausencia.
Si tú pudieras sentir,
amargo llanto vertieras.

A tus hermanas de Oriente
mandarías tristes quejas,
a las palmas que el Eufrates
con sus claras ondas riega.

Pero tú olvidas la patria,
a par que me la recuerdas;
la patria de donde Abbas
y el hado adverso me alejan.

ABDERRAMAN I.

CASTIGO

Llegué al final del negro muro. Solo,
en lo más alto y ríspido, moría
un arbusto, sin luz y sin cuidado.

Yo no pude escalar el alto muro,
yo no pude dar luz al pobre tronco;
pero elevé con humildad al cielo
una dulce oración: "¡Dios, Tú, que puedes,
derrumba el paredón que la luz roba
al pobre arbusto moribundo!"

Luego,
después de siglos, nuevamente un día
pasé por el lugar de mis andanzas
y el árbol era gigantesco brote
de cuya rama superior pendía
el cuerpo de un ahorcado...

Agustín Acosta

¡MADRE!

Navego solo en el confín desierto
de un mar fragoso de gigantes ondas,
con cielo gris, sin entrevisto puerto,
sin playas de oro, con brumosas frondas.

Lucha mi nave con vaivén incierto;
sola y sin rumbo entre tinieblas hondas...
mas el pavor de mi horizonte muerto
lo alumbra un astro de fulgentes blondas.

¡Mi mar: el mundo de maldad cubierto;
mi vida: el barco en sus furiosas ondas!
el astro aquel, que entre la bruma advierto,

siendo mi guía en las tinieblas hondas,
¡quién si no tú, que en mi cerebro yerto
brillas cual Sol entre rojizas blondas...!

CLAUDIO DE ALAS
(Jorge Escobar Uribe)

LOS TRES LADRONES

Época fue de grandes redenciones
el mundo de dolor estaba henchido
y en el Gólgota, en sombras convertido,
se hallaban en sus cruces tres ladrones.

A un lado, en espantosas contorsiones
se encontraba un ratero empedernido,
en el otro, un ladrón arrepentido,
y en el medio, el *robador de corazones.*

De luto se cubrió la vasta esfera:
Gestas, el malo, se retuerce y gime;
Dimas, el bueno, en su dolor espera.

Y el otro, el de la luenga cabellera,
que sufre, que perdona y que redime,
¡se robó al fin la humanidad entera!

ENRIQUE ÁLVAREZ HENAO

ROPA LIMPIA

Le besé la mano y olía a jabón;
yo llevé la mía contra el corazón.

Le besé la mano breve y delicada
y la boca mía quedó perfumada.

Muchachita limpia, quien a ti se atreva,
que como tus manos huela a ropa nueva.

Besé sus cabellos de crencha ondulada;
¡si también olían a ropa lavada!

¿A qué linfa llevas tu cuerpo y tu ropa?
¿En qué fuente pura te lavas la cara?

Muchachita limpia, si eres una copa
llena de agua clara.

RAFAEL ARÉVALO MARTÍNEZ

AL GUADALQUIVIR EN UNA
AVENIDA

Tú, a quien ofrece el apartado polo,
hasta donde tu nombre se dilata,
preciosos dones de luciente plata,
que envidia el rico Tajo y el Pactolo;

para cuya corona, como a solo
rey de los ríos, entretexe y ata
Palas su oliva con la rama ingrata
que contempla en tus márgenes Apolo;

claro Guadalquivir, si impetuoso
con crespas ondas y mayor corriente
cubrieres nuestros campos mal seguros,

de la mejor ciudad, por quien famoso
alzas igual al mar la altiva frente,
respeta humilde los antiguos muros.

JUAN DE ARGUIJO

VIDA UNIVERSAL

Ama la abeja el cáliz de la rosa,
la vida el olmo que sus pasos guía,
el ruiseñor la noche silenciosa,
la pasionaria el despuntar del día.

Insectos, plantas, pájaros y flores,
cumpliendo ignota ley, sienten amores;
y el alma racional que el bien ansía,
de libertad dotada,
busca su dicha con ardor profundo,
de ventura ideal enamorada.

Si pues todo en el mundo
del fuego del amor vida recibe,
quien vive sin amar, ¿dirá que vive?

ANTONIO ARNAO

LÁMPARA VOTIVA

A Díaz Mirón, en Veracruz

Me recibes enfermo, tendido en cama...
Se te oxidan las fuerzas, viejo león;
mas no herrumba el olvido tu recia fama,
ni herrumba la tristeza tu corazón.

En los ojos te fulge la interna llama;
humo espiras; tu habano —breve tizón—
por el pecho en ceniza se te derrama...
y me acuerdas volcanes en erupción.

Volcán de altiva cumbre, de lumbre homérica;
pasión y poesía y amor de América,
ciega de Sol, ¡preñada de porvenir!

Varón Popocatépetl, hombre Orizaba,
por el pecho te miro correr la lava
¡y en los ojos la interna llama fulgir!

ALFREDO ARVELO LARRIVA

CONTRA UN POETA (HERRERA) QUE USABA MUCHO DE ESTAS VOCES EN SUS POESÍAS

Esplendores, celajes, rigoroso,
salvaje, llama, líquido, candores,
vagueza, faz, purpúrea, Cintia, ardores,
otra vez esplendores, caloroso;

ufanía, apacible, numeroso,
luengo, osadía, afán, verdor, errores,
y otra y quinientas veces esplendores;
más esplendores, crespo, glorioso;

cercos, ásperos, albos, encrespado,
esparcir, aspirar, lustre, fatales,
cambiar, y de esplendor otro poquito;

luces, ebúrneo, nítido, asombrado,
orna, colora, joven, celestiales...
Esto quitado, cierto que es bonito.

LUIS BARAHONA DE SOTO

EL ALBATROS

La gente marinera, con crueldad salvaje,
suele cazar albatros, grandes aves marinas
que siguen a los barcos, compañeras de viaje,
blanqueando en los aires como blancas neblinas.

Pero, apenas los dejan en la lisa cubierta
—¡ellos, que al aire imponen el triunfo de su
[vuelo!—
sus grandes alas blancas, como una cosa muerta,
como dos remos rotos, arrastran por el suelo.

Y el alado viajero toda gracia ha perdido,
y, como antes hermoso, ahora es torpe y simiesco;
y uno le quema el pico con un hierro encendido,
y el otro, cojeando, mima su andar grotesco.

El poeta recuerda a este rey de los vientos,
que desdeña las flechas y que atraviesa el mar:
en el suelo, cargado de bajos sufrimientos,
sus alas de gigante no le dejan andar.

CARLOS BAUDELAIRE

BOLÍVAR EN LOS ANDES

1 8 1 9

Dardea sus agujas de oro la mañana,
y los Andes erigen sus agujas de hielo;
avanza la columna, bajo el oro del cielo,
por la nieve que, heridas, pincelaron de grana.

Ventisqueros y páramos cruzó la caravana;
de jinetes e infantes quedó esterado el suelo;
y de mañana y tarde y mediodía un vuelo,
de cuervos sigue el rumbo de la hueste serrana.

La ventisca emparama; el Sol quema. La tropa
en angustias el alma y en hilachas la ropa,
divisa un horizonte de montañas de nieve...

y el desconsuelo postra la exhausta caravana.
Pero Bolívar habla; y en una arenga breve
anuncia la victoria de Boyacá, cercana.

RUFINO BLANCO FOMBONA

A UN MONUMENTO ANTIGUO

Siempre admirables del artista pío
con sus rasgos serán las obras bellas:
la actitud, la expresión adquiere en ellas
el ser que vive sobre el mármol frío.

Aunque el tiempo después las hiera impío
de su esplendor conservarán las huellas;
son del arte las nítidas estrellas
que en sí guarda del genio el poderío.

Así, pues, tu hermosura, oh, monumento
de celestiales tipos, se engrandece
y nos revela al inmortal artista.

Altérese o destruya, en mí la siento;
señora es de mi alma, e igual se ofrece,
ya joven o ya viejo, ante mi vista.

Miguel Ángel Buonarotti

A LAS FLORES

Éstas que fueron pompa y alegría
despertando al albor de la mañana,
a la tarde serán lástima vana
durmiendo en brazos de la noche fría.

Este matiz que al cielo desafía,
iris listado de oro, nieve y grana,
será escarmiento de la vida humana:
¡tanto se emprende en término de un día!

A florecer las rosas madrugaron,
y para envejecerse florecieron:
cuna y sepulcro de un botón hallaron.

Tales los hombres sus fortunas vieron:
en un día nacieron y expiraron;
que pasados los siglos, horas fueron.

PEDRO CALDERÓN DE LA BARCA

EL BUEY

¡Piadoso buey! Al verte, mi corazón se llena
de un grato sentimiento de paz y de ternura,
y te amo cuando miras inmóvil la llanura
que debe a tus vigores ser más fecunda y buena.

Bajo el pesado yugo tú no sientes la pena
y así ayudas al hombre que tu paso apresura,
y a su voz y a su hierro contesta la dulzura
doliente con que gira tu mirada serena.

De tu ancha nariz brota como un vaho tu aliento
y tu amable mugido lentamente en el viento
vibrando como un salmo de alegría, se pierde...

Y en su austera dulzura, tus dos verdes pupilas
reflejan cual si fuesen dos lagunas tranquilas,
el divino silencio de la llanura verde.

José Carducci

BOABDIL

Boabdil, monarca de la gente mora,
sin honor y sin cetro y sin espada,
sale de la magnífica Granada
a los primeros rayos de la aurora.

Sobre monte lejano que el Sol dora
detiene su caballo en la enramada,
da a la hermosa ciudad una mirada,
y al ver sus torres y la Alhambra, llora.

Viendo su madre el femenil quebranto,
se le arde el rostro, el corazón se le arde,
y al triste rey le dice de esta suerte:

"Bien puedes derramar copioso llanto
como débil mujer, ya que cobarde
no supiste como hombre defenderte".

Manuel Carpio

NOCTURNO DE LA PUERTA
DEL SOL

El gran reloj, en las sombras, parece una ruleta.
Bolsín de los bigardos, lonja de las tusonas,
los pigres del sablazo y de la pirueta
plantan el campamento de sus vidas busconas.

Propicio acechadero del clásico cesante,
corazón del Madrid bullanguero y jovial;
tahúres en Correos, toreros en Levante,
cupletistas y cómicos del café Colonial.

Si es Madrid la sirena que hechiza y envenena,
es la Puerta del Sol la voz de la sirena,
que llega al más remoto rinconcito español.

Sonrisa de la corte, que acoge cada día
a todo soñador, lleno de fantasía,
que viene a la conquista de la Puerta del Sol.

Emilio Carrere

96

CON LOS AMIGOS BEBO...

Por la tarde a menudo
con los amigos bebo,
y al cabo, sobre el césped,
me tumbo como muerto.

Bajo un árbol frondoso,
cuyas ramas el viento
apacible columpia,
y donde arrullos tiernos
las palomas exhalan,
gratamente me duermo.

Suele correr a veces
un airecillo fresco,
suele llegar la noche
y retumbar el trueno,
mas, como no me llamen,
yo nunca me despierto.

IBN CHAFADSCHE

PRIMAVERA

Tú presencia me ciñe duramente
y el grito de mi vida encarcelada
sucumbe ya, rendido a la celada,
que tus labios abrieron en mi frente.

Detén mi paso incierto. Mansamente
callará en ti mi voz desorientada.
Para ser tuya volveré a la nada.
¡Mi pulso en carne viva te presiente!

Que el silencio me anude a tu sendero.
Más que el llano sin límites prefiero
el cauce luminoso de tu huella.

Cerraré con tu sombra la salida,
pero en mi mano, por tu boca ungida,
podrás beber aún la última estrella.

ERNESTINA DE CHAMPOURCIN

APÓSTROFE A MÉXICO

México: de gloria suma,
de altas empresas dechado
suelo imperial fecundado
por sangre de Moctezuma.

Jardín que riega de espuma
tu golfo azul y sonoro;
preciado y rico tesoro
que con sangriento destello
hirió la frente del bello
príncipe de Barba de Oro.

Patria de héroes y de vates;
cenáculo de áureas liras;
bravo y terrible en tus iras,
victorioso en tus combates.

¡Si contraria frente abates,
coronas gloriosa frente,
y te levantas potente
y orlado, a la luz del día,
como tu águila bravía
devorando la serpiente!

RUBÉN DARÍO

EL CIPRÉS DE SILOS

Enhiesto surtidor de sombra y sueño
que acongojas al cielo con tu lanza.
Chorro que a las estrellas casi alcanza
devanado a sí mismo en loco empeño.

Mástil de soledad, prodigio isleño;
flecha de fe, saeta de esperanza.
Hoy llega a ti, riberas del Arlanza,
peregrina al azar, mi alma sin dueño.

Cuando te vi, señero, dulce, firme,
qué ansiedades sentí de diluírme
y ascender como tú, vuelto en cristales,

como tú, negra torre de arduos filos
ejemplo de delirios verticales,
mudo ciprés en el fervor de Silos.

GERARDO DIEGO

VILLANCICO

No te tardes, que me muero,
　　　　Carcelero,
¡no te tardes, que me muero!

Apresura tu venida,
porque no pierda la vida,
que la fe no está perdida,
　　　　Carcelero,
¡no te tardes, que me muero!

Sácame desta cadena,
que recibo muy gran pena
pues tu tardar me condena;
　　　　Carcelero,
¡no te tardes, que me muero!

La primer vez que me viste,
sin lo sentir me venciste:

suéltame, pues me prendiste;
　　　　Carcelero,
¡no te tardes, que me muero!

La llave para soltarme
ha de ser galardonarme
      Carcelero,
prometiendo no olvidarme,
¡no te tardes, que me muero!

JUAN DEL ENCINA

EL CRISANTEMO

Marchito ya desde que naces, mueres
en el tibor de femenil estancia;
ídolo de poetas sin sustancia
y adorno de ridículas mujeres.

Más que infeliz, más que insensata eres
soñándote la flor de la elegancia;
mísera flor sin jugo ni fragancia,
que ser la reina de las flores quieres.

Cuando osaste llegar, pobre extranjera,
ni siquiera te vio Venus hermosa,
y al mirarte se rió la Primavera . . .

¿Y es así como quieres, ambiciosa,
con esa alborotada cabellera,
bajar del trono a la elegante rosa . . . ?

ENRIQUE FERNÁNDEZ GRANADOS

DORMID TRANQUILOS

Dormid tranquilos, hermanitos míos,
dormid tranquilos, padres algo viejos
porque el hijo mayor vela en su cuarto
sobre la casa y el reposo vuestro.

Estoy despierto, y escuchando todos
los ruidos de la noche y del silencio:
el suave respirar de los dormidos,
alguno que se da vuelta en el lecho.

una media palabra de aquel otro
que sueña en alta voz; el pequeñuelo
que se despierta siempre a medianoche,
y la tos del hermano que está enfermo.

Hay que educar a los hermanos chicos,
y aseguraros días bien serenos
para la ancianidad. ¡Oh, padre y madre,
dormid tranquilos, que yo estoy despierto!

BALDOMERO FERNÁNDEZ MORENO

LA ZANDUNGA

Cuando en la calma de la noche quieta
triste y doliente la Zandunga gime,
un suspiro en mi pecho se reprime
y siento de llorar ansia secreta.

¡Cómo en notas sentidas interpreta
esa angustia infinita que me oprime!
¡El que escribió esa música sublime
fue un gran compositor y un gran poeta!

Cuando se llegue al suspirado día
en que con dedo compasivo y yerto
cierre por fin mis ojos la agonía,

la Zandunga tocad, si no despierto
al quejoso rumor de esa armonía,
¡dejadme descansar, que estaré muerto!

RODULFO FIGUEROA

CANCIÓN DEL ALBA

Como una flor nueva
se abre la mañana
alza sobre el viento
su voz la montaña
y exprimen las horas
zumos de naranja
sobre tus pupilas,
que fluyen miradas
colmadas y dulces
como campanadas.

Campanadas frescas,
brotes pensativos...
Dicen a tus ojos
su primer suspiro
el río y el árbol,
el árbol y el río.

PEDRO GARFIAS

CREPÚSCULO

Por la montaña arriba
el día
    hormiga blanca

Las horas saltan como cuerdas.

Toda la tierra,
toda la tierra abierta como un cauce
para la noche desbordada.

Los árboles náufragos chapotean
en la montaña.

PEDRO GARFIAS

A ORILLAS DEL PLATA

En la orilla del Plata, estaba un día
contemplando del agua el movimiento;
y cada ola que agitaba el viento,
envuelta entre la espuma se perdía.

Y del seno del agua otra surgía
encrespada, feroz, llena de aliento,
rodaba por las aguas un momento,
y en el abismo rápido se hundía.

Húmedos por las lágrimas mis ojos,
miraba en esas olas la esperanza.
¡Ay! exclamé: tan sólo los despojos

de sueños de gloria el hombre alcanza.
Y el Plata que escuchó, gimió sombrío
y se unió su dolor al dolor mío.

Juan María Gutiérrez

LOS VÍAJES

FÁBULA

Un pescador, vecino de Bilbao,
cogió, yo no sé dónde, un bacalao.
—¿Qué vas a hacer conmigo?
(el pez le preguntó con voz llorosa).

Él respondió: —Te llevaré a mi esposa:
ella, con pulcritud y ligereza,
te cortará del cuerpo la cabeza;
negociaré después con un amigo,
y si me da por ti maravedises,
irás con él a recorrer países.

—¡Sin cabeza! ¡Ay de mí!
(gritó el pescado),
y replicó discreto el vascongado:
—¿Por esa pequeñez te desazonas?
Pues hoy viajan así muchas personas.

JUAN EUGENIO HARTZENBUSCH

EL MENSAJE

¡Pronto, paje! Encilla y monta
mi más ligero corcel,
y a través de selva y llano
vuela al palacio del rey.

Para en la cuadra y pregunta
al caballerizo fiel,
cuál es la que hoy se desposa
de las dos hijas del rey.

Si dijera: "La morena",
¡Corre la nueva a traer!
Si: "La rubia"... no hay apuro,
no corras, no hay para qué.

Mas, de paso, cuando vuelvas,
en la tienda te detén
del cordelero, y callado,
cómprame y traeme un cordel.

ENRIQUE HEINE

111

LA DOGARESA

Del palacio en el pórtico marmóreo, de
                                    [prágmáticas
graves hablan señores que retrató Tiziano,
y los collares de oro de ley del marco anciano
el esplendor aumentan de las rojas dalmáticas.

Contemplan hacia el fondo de las calles
                                    [acuáticas
con ojos que destellan orgullo soberano,
bajo el dosel incólume del cielo veneciano
brillar el azul límpido de las ondas adriáticas.

Y en tanto que el radiante estol de caballeros
arrastra el oro y púrpura por peldaños severos
de pórfido que fúlgida claridad tornasola,

indolente y soberbia una dama, hacia un lado
volviéndose entre espumas joyantes de brocado
sonríe a un negro paje que llévale la cola.

José María de Heredia

LA CANCIÓN DEL CAMINO

Aunque voy por tierra extraña
solitario y peregrino
no voy solo, me acompaña
mi canción en el camino.

Y si la noche está negra,
sus negruras ilumino:
canto, y mi canción alegra
la oscuridad del camino.

La fatiga no me importa,
porque el báculo divino
de la canción hace corta
la distancia del camino.

Ay triste y desventurado
quien va solo y peregrino,
y no marcha acompañado
¡por la canción del camino!

FRANCISCO A. DE ICAZA

¡NO ME DEJARON SER!

No me dejaron ser, que de haber sido
y en la íntima conciencia estar resuelto,
al sentir el no ser de haber nacido
en su mismo fulgor me hubiese vuelto.

No me dejaron ser en mi sentido,
y de mi torpe inexistencia absuelto,
quedarme como el Sol, siempre encendido,
y en mi propia virtud siempre disuelto . . .

Sin inquirir de mí me derramaron
y sin tener fulgores me encendieron,
en esta carne absurda me forjaron;

y hoy cuanto más me miro en lo que fuera,
menos me busco en dar lo que me dieron
¡por acudir a ser lo que quisiera!

BALTAZAR IZAGUIRRE ROJO

LA CELDA

Hay una Dolorosa que une las manos puras;
una agria calavera de enigmática mueca;
una ojival ventana que en limitar se obceca
el abrupto paisaje de perennes alburas...

Un flagelo que sabe de piadosas torturas
y en celestes arrobos las tentaciones trueca;
una vieja clepsidra — dijérase una rueca
en donde hila la hermana muerte vidas futuras.

Y una escultura, en fin, de Cristo en el madero,
símbolo del amor que tortura y redime,
y es para la existencia: vía, verdad y luz.

El espíritu tiende a la ciencia sublime,
la voluntad persigue el divino sendero,
mas el cuerpo se extingue clavado en una cruz.

RICARDO JAIMES FREYRE

BOLÍVAR

Político, militar, héroe, orador y poeta.
Y en todo, grande. Como las tierras libertadas
[por él.
Por él, que no nació hijo de patria alguna,
sino que muchas patrias nacieron hijas dél.

Tenía la valentía del que lleva una espada.
Tenía la cortesía del que lleva una flor.
Y entrando en los salones arrojaba la espada.
Y entrando en los combates arrojaba la flor.

Los picos del Ande no eran con más, a sus ojos,
que signos admirativos de sus arrojos.

Fue un soldado poeta. Un poeta soldado.
Y cada pueblo libertado
era una hazaña del poeta y era un poema del
[soldado.

Y fue crucificado...

LUIS LLORENS TORRES

ANTES, ME ASOMABA AL MAR...

Antes, me asomaba al mar
y el corazón en el pecho
se me ponía a cantar.

Y cuando el mar no veía,
era la tierra el pretexto
para vivir mi alegría.

Y otras veces era el cielo,
o una canción, o unos ojos
lo que me alzaba del suelo.

Ahora, cuando veo la mar,
escucho a mi corazón
y se me pone a llorar...

CONCHA MÉNDEZ

EL CREPÚSCULO

El crepúsculo azul llegó a mi tierra
sin conocer a nadie, ni a un amigo
que lo invitara a descansar siquiera,
bajo el portal de una casona antigua.

Por eso estaba triste;
sin embargo,
se metió a las tabernas,
y, ya borracho, anduvo por las calles
achatando su cara en las vidrieras.

Cansado de ambular,
solo la noche,
el crepúsculo azul salió del pueblo:
¡aullaba largamente
en el sendero . . . !

JOSUÉ MIRLO

EL RÍO

Corre con tarda mansedumbre el río
copando en sus cristales la arboleda,
y un monótono diálogo remeda
con el viento su grave murmurío.

Bajo el candente cielo del estío
no se apresura ni estancado queda,
sino que —lento y murmuroso— rueda
a perderse en el piélago bravío.

Tal se apresura la corriente humana
con su rumor efímero de gloria
reproduciendo una cultura vana;

Y —sin que mude el curso de su suerte
corre en el viejo cauce de la historia
hacia el mar misterioso de la muerte.

JUAN RAMÓN MOLINA

A UNA ENCINA SOLITARIA

La gracia cenicienta de la encina,
hondamente celeste y castellana,
remansa su hermosura cotidiana
en la paz otoñal de la colina.

Como el silencio de la nieve fina,
vuela la abeja y el romero mana,
y empapa el corazón a la mañana
de su secreta soledad divina.

La luz afirma la unidad del cielo
en el agua dorada del remanso
y en la miel franciscana de la aroma,

y asida a la esperanza por el vuelo
la verde encina de horizonte manso
siente el toque de Dios en la paloma.

LEOPOLDO PANERO

CUARTO

¡Qué quietas están las cosas,
y qué bien se está con ellas!
Por todas partes, sus manos
con nuestras manos se encuentran.

¡Cuántas discretas caricias,
qué respeto por la idea;
cómo miran, extasiadas,
el ensueño que uno sueña!

¡Cómo les gusta lo que a uno
le gusta; cómo se esperan,
y, a nuestra vuelta, qué dulces
nos sonríen, entreabiertas!

¡Cosas —amigas, hermanas,
mujeres—, verdad contenta,
que nos devolvéis, celosas,
las más fugaces estrellas!

JUAN RAMÓN JIMÉNEZ

PRIMAVERA

Suena el canto de la alondra
como llamado a Maitines.
El ruiseñor llena el aire
con voz de claros clarines.

En un mar de mariposas
y un alud de girasoles
trepa el verde de la hiedra,
marzo afina sus crisoles
y en vástagos de esperanza
brota el color de las flores.

En un cielo de gaviotas,
flechazos de golondrinas
y en despertar de campanas,
un pescador de la aurora
apresta su red al alba.

Primavera: bugambilia
de este campo verdecido.
Primavera que ahora llega
y mañana se habrá ido.

ANTONIO TOUSSAINT

IV

ANÍMICAS

LO INEFABLE

Yo muero extrañamente... No me mata la vida,
no me mata la muerte, no me mata el amor;
muero de un pensamiento mudo como una herida...

¿No habéis sentido nunca el extraño dolor
de un pensamiento inmenso que se arraiga en
[la vida,
devorando alma y carne, y no alcanza a dar flor?
¿Nunca llevasteis dentro una estrella dormida
que os abrasaba enteros y no daba un fulgor...?

¡Cumbre de los martirios...! ¡Llevar
[eternamente,
desgarradora y árida, la trágica simiente
clavada en las entrañas como un diente feroz...!

¡Pero arrancarla un día, en una flor que abriera
milagrosa, inviolable...! ¡Ah, más grande no fuera
tener entre las manos la cabeza de Dios!

Delmira Agustini

SONETO

No te des por vencido, ni aun vencido;
no te sientas esclavo, ni aun esclavo;
trémulo de pavor, piénsate bravo,
y arremete feroz, ya mal herido.

Ten el tesón del clavo enmohecido,
que ya viejo y ruin vuelve a ser clavo;
no la cobarde intrepidez del pavo
que amaina su plumaje al primer ruido

Procede como Dios, que nunca llora;
o como Lucifer, que nunca reza,
o como el robledal, cuya grandeza

necesita del agua y no la implora . . .
¡Que muerda y vocifere vengadora
ya rodando en el polvo tu cabeza!

ALMAFUERTE
Pedro B. Palacios

IDEA

El alma es igual que el aire.
Con la luz se hace invisible,
perdiendo su honda negrura.

Sólo en las profundas noches
son visibles alma y aire.
¡Sólo en las noches profundas!

¡Que se ennegrezca tu alma,
pues quieren verla mis ojos!

Oscurece tu alma pura.
Déjame que sea tu noche,
que enturbie tu transparencia.
¡Déjame ver tu hermosura!

Manuel Altolaguirre

A MI MADRE

Amo el nombre gentil, amo la honesta
aura del rostro que del pecho arranca.
Amo la mano delicada y blanca
que mis lloros a secar acude presto,
los brazos donde yo doblo la testa
que a mi trabajo sirven de palanca.

Amo la frente pura, abierta, franca,
donde toda virtud se manifiesta.
Pero amo mucho más la voz sencilla
que el ánimo conforta entristecido
conviniendo y causando maravilla.

La voz que cariñosa hasta mi oído
llega al alba a decirme dulce y bajo:
Hijo mío: ¡Es la hora del trabajo!

Edmundo de Amicis

EL REPROCHE

Entre los temblorosos cocoteros
sollozaba la brisa; y en la rada,
del ocaso los rayos postrimeros
eran como una inmensa llamarada.

Al oír mi reproche
se apagaron en llanto sus sonrojos,
y fue cual pincelada de la noche
el cerco de violetas de sus ojos.

Y al confesar su culpa
su voz era sollozo de agonía,
y la blancura de su tez fingía
del coco tropical la nívea pulpa.

ISMAEL E. ARCINIEGAS

SEMÍRAMIS

Nunca quiso casarse legítimamente
a fin de no verse privada de la sobe-
ranía; pero escogía los hombres más
bellos de su ejército y después de
otorgarles sus favores, los hacía des-
aparecer. *Diódoro de Sicilia. Lib. II.*

Semíramis, que reina con glorioso esplendor,
como un dios, a los reyes cautivos lleva al lado;
se ve cual mar de fuego de estrellas esmaltado
de su traje escarlata el vivo resplandor.

Fija en la voz del río, que con tenue rumor
de gemidos y cantos da un son acompasado,
va atravesando el puente triunfal, que por agrado,
sobre el Eufrates puso su afán dominador.

Mientras pasa, humillando al astro soberano
loco de amor murmura un soldado bactriano:
—"Que la tenga en mis brazos feliz instante breve
y que luego a los perros vivas mis carnes den".

Semíramis entonces, la paloma de nieve,
hacia él torna su frente celeste y dice: —"¡Ven!"

TEODORO DE BANVILLE

NOSTALGIA

¡Oh, vientos que pasáis barriendo el suelo
de la inmensa ciudad que el Sena baña!
¡Si es que a mi patria vais, os acompaña
de un proscrito infeliz el loco anhelo!

Cuando hasta ella lleguéis en vuestro vuelo
decid, por Dios, a mi querida España,
que el llanto del dolor mi vida empaña
al verme lejos de su hermoso cielo.

Decidla que me guarde mi tesoro;
la madre, cuya voz soñando escucho,
y la dulce mujer a quien adoro.

Y decidla también que si ahora lucho
con la nostalgia y desterrado lloro,
por el delito fue de amarla mucho.

Vicente Blasco Ibáñez

LO ÚNICO ETERNO

Las verdades de ayer son hoy mentira,
las de hoy acaso lo serán mañana;
la incorregible vanidad humana
siempre creyendo razonar, delira.

Como Nerón cantando ante la pira
en que convierte a la ciudad romana,
ciega destruye o cínica profana
lo que, poco antes, ensalzó la lira.

Y así, al través de todas las edades,
siempre abrasada por un fuego interno,
buscó la humanidad nuevas verdades,
y halló que en todo tiempo —joven tierno—
en aldeas, en campos y ciudades,
sólo el amor es en la tierra eterno.

GUILLERMO BLEST GANA

INQUIETUD

Siento las ansias comprimidas dentro,
como la rama a florecer ya pronta;
siento bullir los pensamientos de oro
como los cantos de una ardiente alondra.

Hay un rumor de porvenir en mi alma,
como en el trigo un murmurar de espigas,
como hay en las bellotas enterradas
el futuro frescor de las encinas.

Hay en mi ser una inquietud de pronto,
como una incubación de tempestades;
hay un ir y venir de pensamientos
como en el mar hay un hervir de naves.

ROBERTO BRENES MESÉN

NUPCIAL

Con indecisa y temerosa mano,
la novia aparta de la casta frente
el ramo de azahar desfalleciente,
que, blanco, nimba su perfil pagano.

Y en medio de la noche, en el cercano
jardín, susurra un céfiro impaciente,
que trae con el eco de una fuente,
la voluptuosa fiebre del verano.

Ya cierran la ventana. Claro lampo
de luna llena por las nubes vaga.
Tiembla la noche en el rumor del campo.

Y del divino amor en los altares,
a tiempo que la lámpara se apaga,
¡se mueren de pudor los azahares...!

ARTURO CAPDEVILA

LA SILLA QUE AHORA NADIE OCUPA

Con la vista clavada sobre la copa,
se halla abstraído el padre desde hace rato,
pocos momentos hace rechazó el plato
del cual apenas quiso probar la sopa.

De tiempo en tiempo, casi furtivamente,
llega en silencio alguna que otra mirada
hasta la vieja silla desocupada
que alguien, de olvidadizo, colocó enfrente.

Y mientras se ensombrecen todas las caras,
cesa de pronto el ruido de las cucharas
porque, insistentemente, como empujado

por esa idea fija que no se va,
el menor de los chicos ha preguntado
cuándo será el regreso de la mamá.

EVARISTO CARRIEGO

LA COSTURERITA QUE DIO AQUEL
MAL PASO

La costurerita que dio aquel mal paso . . . ,
—y lo peor de todo, sin necesidad—
con el sinvergüenza que no la hizo caso
después . . . —según dicen en la vecindad—.

Se fue hace dos días. Ya no era posible
fingir por más tiempo. Daba compasión
verla aguantar esa maldad insufrible
de las compañeras ¡tan sin corazón!

Aunque a nada llevan las conversaciones,
en el barrio corren mil suposiciones
y hasta en algo grave se llega a creer.

¡Qué cara tenía la costurerita,
qué ojos más extraños, esa tardecita,
que dejó la casa para no volver . . . !

EVARISTO CARRIEGO

138

MANOS LEJANAS

Aquellas manos de la esposa ausente,
blancas palomas, tibias de ternura
que saben reducir mi calentura
sólo con reposar sobre mi frente.

¡Ay!, qué lejos estoy del diligente,
suave contacto que mitiga y cura
y en estas largas noches de tortura
cómo os llamé desesperadamente...

¡Milagroso cordial...! Manos amadas,
que estoy, en mi ceguera, calumniando,
pues, aunque ahora no mullen mis almohadas,

con celo maternal, mimoso y blando
con que estén —¡y no hay duda!— entrelazadas,
pidiendo a Dios por mí, me están curando.

Arturo Cuyas de la Vega

LOS TRES REYES MAGOS

Yo soy Gaspar. Aquí traigo el incienso.
Vengo a decir: la vida es pura y bella.
Existe Dios. El amor es inmenso.
¡Todo lo sé por la divina estrella!

Yo soy Melchor. Mi mirra aroma todo.
Existe Dios. Él es la luz del día,
la blanca flor tiene sus pies en lodo
¡y en el placer hay la melancolía!

Yo soy Baltasar. Traigo el oro. Aseguro
que existe Dios. Él es el grande y fuerte.
Todo lo sé por el lucero puro
que brilla en la diadema de la muerte.

Gaspar, Melchor y Baltasar, callaos.
Triunfa el amor y a su fiesta os convida.
Cristo resurge, hace la luz del caos
y tiene la corona de la vida.

RUBÉN DARÍO

¿Y LA LUNA?

En el pozo la guardaron.
Para que no la robasen
en el pozo la guardaron
—como una onza en una bolsa—
aquellos fieros románticos.

Y estuvieron dos cipreses
la noche entera velando
La noche entera de un siglo
los dos cipreses velaron.

Pero fue en vano, fue en vano,
toda la vela fue en vano.

Al llegar la madrugada
el Sol levantó los brazos
y asomó sobre la sierra
su rostro congestionado
de risa,
que gritaba:
¡la han robado, la han robado,
la han robado!

LEÓN FELIPE

ZARZAMORA CON EL TRONCO GRIS

Zarzamora con el tronco gris
dame un racimo para mí.

Sangre y espinas. Acércate.
Si tú me quieres, yo te querré.

Deja tu fruto de verde y sombra
sobre mi lengua, zarzamora.

¡Qué largo abrazo te daría
en la penumbra de mis espinas!

Zarzamora, ¿dónde vas?
A buscar amores que tú no me das.

FEDERICO GARCÍA LORCA

LARGO ESPECTRO

Largo espectro de plata conmovida,
el viento de la noche suspirando,
abrió con mano gris mi vieja herida
y se alejó. Ya estaba deseando.

Llaga de amor que me dará la vida
perpetua sangre y pura luz brotando.
Grieta en que Filomena enmudecida
tendrá bosque, dolor y nido blando.

¡Ay, qué dulce rumor en mi cabeza!
Me tenderé junto a la flor sencilla
donde yace ignorada tu belleza,
y el agua errante se pondrá amarilla.

Mientras corre mi sangre en la maleza
mojada y temblorosa de la orilla.

FEDERICO GARCÍA LORCA

AL PARTIR

¡Perla del mar! ¡Estrella de Occidente!
¡Hermosa Cuba! Tu brillante cielo
la noche cubre con su opaco velo,
como cubre el dolor mi triste frente.

¡Voy a partir . . . ! La chusma diligente,
para arrancarme del nativo suelo,
las velas iza y pronta a su desvelo
la brisa acude de tu zona ardiente.

¡Adiós, patria feliz, edén querido!
doquier que el hado en su furor me impela,
tu dulce nombre halagará mi oído!

¡Adiós . . . ! ¡Ya cruje la turgente vela . . .
el ancla se alza . . . el buque, estremecido,
las olas corta y silencioso vuela!

Gertrudis G. de Avellaneda

PARA UN MENÚ

Las novias pasadas son copas vacías,
en ellas pusimos un poco de amor;
el néctar tomamos . . . huyeron los días . . .
¡Traed otras copas con nuevo licor!

Champaña son las rubias de cutis de azalia;
los ojos oscuros son vino de Italia.
Borgoña los labios de vivo carmín;
los verdes y claros son vino del Rhin.

¡Las negras pupilas escancian café,
son ojos azules las llamas traviesas
que trémulas corren como alma del té!

¡La copa se apura, la dicha se agota;
de un sorbo tomamos mujer y licor . . .
Dejemos las copas . . . Si queda una gota,
que beba el lacayo las heces de amor!

MANUEL GUTIÉRREZ NÁJERA

IMAGINA SI TÚ QUIERES

Imagina, si tú quieres,
que los bienes de la Tierra
tuyos son.
Pues nada, en rigor, existe;
las cosas nacen y mueren
en perpetua confusión.

Hazte cargo que en la vida
un asiento tú has tomado
poco ha.
Y que dentro de breves días
en la silla que tenías
otro ser se sentará.

OMAR KHAYYAM

EL BOTIJO

El botijo que ves, antaño era
un hombre como yo, que amor sentía;
su vida se secó, que es pasajera
la llama del vivir. ¡Trágica vía
la que recorre el ser que a arcilla torna!

Todo lo vil de su vivir antiguo
perdura en el botijo con su forma:
el vientre de glotón, el cuello exiguo.

Del alma que se fue, sólo ha quedado
el asa con su curva graciosa;
es imagen del cuerpo que, apretado,
ceñía el talle esbelto de la esposa.

OMAR KHAYYAM

CANSANCIO

Quién pudiera dormirse como se duerme un
[niño,
sonreír entre sueños al sueño del dolor,
y soñar con amigos y soñar con el cariño,
y hundirse poco a poco en un sueño mayor.

Y cruzar por la vida sonambulescamente,
los ojos muy abiertos sobre un mundo interior
con los labios sellados, mudos eternamente,
atento sólo al ritmo del propio corazón...

Y pasar por la vida sin dejar una huella...
Ser el pobre arroyuelo que se evapora al Sol...
Y perderse una noche como muere una estrella,
que ardió millares de años y que nadie la vio...

CARLOS MONDACA

TEMPLE

Estoy templado para la muerte,
templado para la eternidad,
y soy sereno porque soy fuerte:
la fuerza infunde serenidad.

¿En qué radica mi fuerza?
                          En una
indiferente resignación
ante los vuelcos de la fortuna
y los embates de la aflicción.

En el tranquilo convencimiento
de que la vida tan sólo es
vano fantasma que mueve el viento,
entre un gran "antes" y un gran "después".

Amado Nervo

EN EL TREN

SENSACIÓN DE MADRUGADA

Hoy la Luna persiste y se viste
de un oro que el día le envía.
Alba equívoca: Yo no diría
lo que tienes de agudo y de triste.

Mi alma hace un alto en el salto
que proyectan, esquivos los chivos,
desde el gris de unos vagos olivos
sobre el cielo de un tenue cobalto.

Y duele pasar sin saber
el secreto que en la hora indecisa
dice, acaso con risa, la brisa.

Ágil brisa del amanecer;
ni despiertas ni dejas dormir,
no consientes soñar ni vivir.

EUGENIO D'ORS

INTERROGANTE

¿Por qué de los cálidos besos,
de las dulces idolatradas
en noches jamás olvidadas
nos matan los excesos?

¿Son sabios los místicos rezos
y las humildes madrugadas
en las celdas sólo adornadas
con una luz y cuatro huesos?

¡No, soñadores de infinito!
De la carne el supremo grito
hondas vibraciones encierra;

Dejadla gozar de la vida,
antes de caer, corrompida,
en las negruras de la tierra.

JOSÉ ANTONIO SILVA

EL RUEGO

Señor, Señor, hace ya tiempo, un día
soñé un amor como jamás pudiera
soñarlo nadie, algún amor que fuera
la vida toda, toda la poesía.

Y pasaba el invierno y no venía,
y pasaba también la primavera,
y el verano de nuevo persistía,
y el otoño me hallaba con mi espera.

Señor, Señor: mi espalda está desnuda.
¡Haz restallar allí, con mano ruda,
el látigo que sangra a los perversos!

Que está la tarde ya sobre mi vida,
¡y esta pasión ardiente y desmedida
la he perdido, Señor, haciendo versos!

ALFONSINA STORNI

A MI BUITRE

Este buitre voraz de ceño torvo
que me devora las entrañas fiero
y es mi único constante compañero
labra mis penas con su pico corvo.

El día que le toque el postrer sorbo
apurar de mi negra sangre quiero
que me dejéis con él solo y señero
un momento, sin nadie como estorbo.

Pues quiero triunfo haciendo mi agonía
mientras él mi último despojo traga
sorprender en sus ojos la sombría

mirada al ver la suerte que le amaga
sin esta presa en que satisfacía
el hambre atroz que nunca se le apaga.

MIGUEL DE UNAMUNO

HUMORISMOS TRISTES

¿Que si me duele? Un poco; te confieso
que me heriste a traición; mas, por fortuna,
tras el rapto de ira, vino una
dulce resignación. Pasó el acceso.

¿Sufrir? ¿Llorar? ¿Morir? ¿Quién piensa en
[eso?
El amor es un huésped que importuna;
mírame cómo estoy; ya sin ninguna
tristeza que decirte. Dame un beso.

Así, muy bien; perdóname, fui un loco;
tú me curaste: gracias; y ya puedo
saber lo que imagino y lo que toco.

En la herida que hiciste, pon el dedo;
¿que si me duele? Sí; me duele un poco
mas no mata el dolor... No tengas miedo...

LUIS G. URBINA

LA FELICIDAD

Sí, la conozco. Es bella. Una mañana,
maravillosamente apareció
como una sombra blanca en mi sendero
y me dijo: —Aquí estoy.

—¿Quién eres? —pregunté.
—La que tú esperas;
la tardía ilusión.
que una vez sola viene; el prodigioso
sueño de paz de un fiel y último amor.

(Y mi alma estaba mustia; mis cabellos
grises; mi corazón helado ya).
alcé los ojos; la miré: ¡qué bella!
es la felicidad!

¡Piadosa mía! Llegas tarde; todo
en mí dormido para siempre está.
Lloré un momento; le besé la mano,
le dije ¡adiós...! y la dejé pasar.

Luis G. Urbina

METAMORFOSIS

Era un cautivo beso enamorado
de una mano de nieve que tenía
la apariencia de un lirio desmayado
y el palpitar de un ave en agonía.

Y sucedió que un día,
aquella mano suave
de palidez de cirio
de languidez de lirio,
de palpitar de ave.

se acercó tanto a la prisión del beso
que ya no pudo más el pobre preso
y se escapó; mas, con voluble giro,
huyó la mano hasta el confín lejano,
y el beso, que volaba tras la mano,
rompiendo el aire, se volvió suspiro.

LUIS G. URBINA

V

ELEGÍACAS

¡AVANTI!

Si te postraran diez veces, te levantas.
Otras diez, otras cien, otras quinientas...,
no han de ser tus caídas tan violentas
ni tampoco por ley han de ser tantas.

Con el hambre genial con que las plantas
asimilan el humus avarientas,
deglutiendo el rencor de las afrentas
se formaron los santos y las santas.

Obsesión casi asnal, para ser fuerte,
nada más necesita la criatura,
y en cualquier infeliz se me figura

que se rompen las garras de la suerte...
¡Todos los incurables tienen cura
cinco segundos antes de la muerte!

ALMAFUERTE
Pedro B. Palacios

PSIQUIS

¡Dentro de unas noches te quedarás muerta!
Como las umbelas de los heliotropos
se ajarán tus senos de hermosura yerta,
y no tendré rimas, ni ritmos, ni tropos

para retratarte dormida en los copos
de tu albo reposo. Huirá tu alma incierta
libre por las crueles tijeras de Atropos.
Aullarán los canes rondando la puerta ...

(La ojera morada cual flor de cantueso
y el nematelminto que nos manda el hueso
después de los besos de la última cita ...).

Y luego un sollozo que oprime mi glotis
y una mariposa color de myosotis
ahogada en la concha del agua bendita.

Mauricio Bacarisse

LAS CAMPANAS

Yo las amo, yo las oigo,
cual oigo el rumor del viento,
el murmurar de la fuente
o el balido del cordero.

Como los pájaros, ellas,
tan pronto asoma en los cielos
el primer rayo del alba,
le saludan con sus ecos.

Y en sus notas, que van prolongándose
por los llanos y los cerros,
hay algo de candoroso,
de apacible y de halagüeño.

Si por siempre enmudecieran,
¡qué tristeza en el aire y en el cielo!
¡Qué silencio en las iglesias!
¡Qué extrañeza entre los muertos!

ROSALÍA DE CASTRO

LO FATAL

Dichoso el árbol que es apenas sensitivo
y más la piedra dura, porque ésa ya no siente,
pues no hay dolor más grande que el dolor de
[ser vivo,
ni mayor pesadumbre que la vida consciente.

Ser, y no saber nada, y ser sin rumbo cierto,
y el temor de haber sido y un futuro terror . . .
Y el espanto seguro de estar mañana muerto,
y sufrir por la vida y por la sombra y por

lo que no conocemos y apenas sospechamos,
y la carne que tienta con sus frescos racimos,
y la tumba que aguarda con sus fúnebres ramos,
y no saber a dónde vamos,
ni de dónde venimos . . .

RUBÉN DARÍO

MADRIGAL DE LA MUERTE

Tú no fuiste una flor, porque tu cuerpo era
todas las flores juntas en una primavera.

¡Rojo y fresco clavel fueron tus labios rojos,
azules nomeolvides aquellos claros ojos,
y con venas y tez de lirio y de azucena
aquella frente pura, aquella frente buena
y, cómo respondía a todo ruborosa,
tomaron sus mejillas el color de rosa.

Hoy, que bajo el ciprés cercado de laureles
rosas y nomeolvides, y lirios y claveles
brotando de la tierra confunden tus colores,
parece que tu cuerpo nos lo devuelve en flores.

Francisco A. de Icaza

¡NO ME DEJARON SER!

No me dejaron ser, que de haber sido
y en la íntima conciencia estar resuelto,
al sentir el no ser de haber nacido
en su mismo fulgor me hubiese vuelto.

No me dejaron ser en mi sentido,
y de mi torpe inexistencia absuelto,
quedarme como el Sol, siempre encendido,
y en mi propia virtud siempre disuelto...

Sin inquirir de mí me derramaron
y sin tener fulgores me encendieron,
en esta carne absurda me forjaron;

y hoy cuanto más me miro en lo que fuera,
menos me busco en dar lo que me dieron
¡por acudir a ser lo que quisiera!

BALTASAR IZAGUIRRE ROJO

CARGADO DE MORTAL
MELANCOLÍA

Cargado de mortal melancolía,
de angustia el pecho y de memorias lleno,
otra vez torno a vuestro dulce seno,
campos alegres de la patria mía.

Cuán otros, ¡ay!, vio mi fantasía,
cuando de pena y de temor ajeno,
en mí fijaba su mirar sereno
la infiel hermosa que me amaba un día.

Tú, que en tiempo mejor fuiste testigo
de mi ventura al rayo de la aurora,
sélo de mi dolor, césped amigo:

pues si en mi corazón, que sangre llora,
esperanzas y amor llevé conmigo,
desengaños y amor te traigo ahora.

Juan Nicasio Gallego

LLORAR

¡Llorar!, siempre llorar, lenta agonía
de la vida en el mar, mar proceloso,
donde apenas cintila temeroso
rayo de luz en la tiniebla fría.

Siempre llorar, desde que nace el día,
sin paz, sin sueño y sin hallar reposo;
mas todo lo que llora es muy hermoso,
porque amar es llorar, ¡oh, vida mía!

Tú amas, ¿no es verdad?, por eso lloras;
porque al que ama, llorar es un consuelo,
de su martirio en las eternas horas.

Ven, la vida es muy triste en este suelo;
mas la dicha vendrá, porque no ignoras
que el dolor y el amor tienen su cielo.

Luis G. Ortiz

VI

OTRAS MÁS BREVES

EPITAFIO

Párate, y considera
esta mansión postrera,
donde todos vendrán a reposar.

Mi rostro cubre el polvo que he pisado;
a muchos de la muerte he libertado
pero yo no me pude libertar.

ABENZOAR

EL HERIDO

Dame tu pañuelo, hermana,
que vengo muy mal herido.

—Dime qué pañuelo quieres,
si el rosa o el color de olivo.

—Quiero un pañuelo bordado
que tenga en sus cuatro picos
tu corazón dibujado.

RAFAEL ALBERTI

LOS DARDOS DEL AMOR

¡Maldito sea el amor! ¿Por qué me lanza
como a salvaje bruto agudas flechas?
¿Por qué a mi corazón vienen derechas?
¿De qué injurias en mí toman venganza?

¿No asombra que de un dios la llama ardiente
con ardor tan intenso
me abrase y me consuma?
¿Qué gloria es la que alcanza
en su fácil triunfo el inclemente,
contra un pobre mortal así indefenso?

ALCEO

HAY DÍAS...

Hay días
en que calla hasta el dolor,
y el alma se encuentra
en medio del gran vacío,
sola,
semejante a una araña
y teje el vacío.

HERMAN BANG

DE LA PUREZA

¡Sé como espejo quieto, indiferente,
que, reflejando lodo y dolor,
siempre es el mismo, inalterablemente!

—"Sé siempre puro" — al decir tal

Mas si dijese yo a mi espejo un día
—"Sé siempre puro" — al decir tal,
con mi hálito de fuego empañaría
la superficie del cristal...

GUILLERMO DE ALMEIDA

LIED

Éramos tres hermanas. Dijo una:
"vendrá el amor con la primera estrella..."
Vino la muerte y nos dejó sin ella.

Éramos dos hermanas. Me decía:
"vendrá la muerte y quedarás tú sola..."
Pero el amor llevóla.

Yo clamaba, yo clamo: "¡Amor o muerte!"
"¡Amor o muerte quiero!"
Y todavía espero...

RAFAEL A. ARRIETA

EL AMOR QUE PASA

Los invisibles átomos del aire
en derredor palpitan y se inflaman;
el cielo se deshace en rayos de oro;
la tierra se estremece alborozada;
oigo flotando en olas de armonía
rumor de besos y batir de alas;
mis párpados se cierran... ¿Qué sucede?
—¡Es el amor que pasa...!

GUSTAVO ADOLFO BÉCQUER

EPIGRAMA

A un poeta
de pocas esperanzas

Voy a hablarte ingenuamente.
Tu soneto, don Gonzalo,
si es el primero, es muy malo;
si es el último, excelente.

MANUEL BRETÓN DE LOS HERREROS

DÉCIMA

Esa seda que rebaja
tus procederes cristianos
obra fue de los gusanos
que labraron su mortaja.

También en la región baja
la tuya han de devorar.

¿De qué te puedes jactar
ni en qué tus glorias consisten
si unos gusanos te visten
y otros te han de desnudar?

PEDRO CALDERÓN DE LA BARCA

COSAS DEL TIEMPO

Pasan veinte años; vuelve él,
y al verse, exclaman él y ella:
(—¡Santo Dios! ¿Y éste es aquél . . . !)
(—¡Dios mío! ¿Y ésta es aquélla. . . ?)

RAMÓN DE CAMPOAMOR

CANCIÓN

Mi corazón me han robado;
y Amor, viendo mis enojos,
me dijo: —Fuete llevado
por los más hermosos ojos
que desque vivo he mirado.
Gracias sobrenaturales
te lo tienen en prisión.

Y si Amor tiene razón,
señora, por las señales,
vos tenéis mi corazón.

Luis de Camoens

CONCÉNTRICA

Raro misterio insoluble.
Último fin del saber.
La luz ignora qué luce.
El agua no tiene sed.
Y en el fondo del espíritu
nuestro ser
ignora el ser.

Antonio Espina

LA LEY DEL EMBUDO

De su honor en menoscabo,
faltó un esposo a su esposa;
ella perdonó amorosa,
y el público dijo: —¡Bravo!

Faltó la mujer al cabo,
harta de tanto desdén;
y el falso esposo, ¿también
perdonó a la esposa? No:
el esposo la mató,
y el público dijo: —¡Bien!

RAMÓN DE CAMPOAMOR

DESEO

Formaré un cementerio
con mis amores muertos.
Enterraré en sus tumbas
el placer que me dieron con sus besos
y junto a ellas plantaré rosales
que regaré con llantos de recuerdo.

M. SÁNCHEZ JIMÉNEZ

EL INVIERNO

El bueno del invierno se ha vestido sus galas,
las zapatillas suaves y el gorro ceñido,
y todo él vestido de unas cálidas pieles
hace sus cascabeles sonar en la distancia.

En sus cabellos blancos pone un brillo la
                              [escarcha,
su amplio abrigo se hincha y hace pliegues
                              [pomposos,
su escarcela está llena de infantiles juguetes
para ponerlos junto a la cama de los niños.

Louis Frechette

EL MIRLO

El mirlo se pone
su levita negra,
y, por los faldones
le asoman las patas
de color de cera.

Salvador Rueda

PERFECCIÓN

Queda curvo el firmamento,
compacto azul, sobre el día.
Es el redondeamiento
del esplendor: mediodía.

Todo es cúpula. Reposa,
central sin querer, la rosa
a un sol en cenit sujeta.

Y tanto se da el presente
que el pie caminante siente
la integridad del planeta.

JORGE GUILLÉN

DUERME

—No duermas, suplicante me decía,
escúchame . . . , despierta—.
Cuando haciendo cojín de su regazo,
soñándome besarla, me dormía.

Más tarde, ¡horror! en convulsivo abrazo
la oprimí al corazón . . . rígida y yerta!

En vano la besé —no sonreía;
en vano la llamaba —no me oía;
la llamo en su sepulcro y no despierta!

JORGE ISAACS

DÉCIMA

Aquí la envidia y mentira
me tuvieron encerrado.
¡Dichoso el humilde estado
del sabio que se retira
de aqueste mundo malvado!
Y con pobre mesa y casa
en el campo deleitoso
a solas su vida pasa,
con sólo Dios se acompasa,
ni envidiado ni envidioso.

FRAY LUIS DE LEÓN

TODO EXCELENTE

Entré, Lauro, en tu jardín,
y vi una dama o un lucero,
y una vieja o cancerbero,
que era su guarda o mastín.

Es todo tan excelente
que me pareció el vergel
que Adán perdió, viendo en él
fruta, flor, Eva y serpiente.

SALVADOR J. POLO DE MEDINA

ÍNDICE

II. *MÍSTICAS*

187

VI. *OTRAS MÁS BREVES*